VENTE

du Lundi 15 Mai 1911

HOTEL DROUOT — SALLE N° 10

A 2 HEURES

EXPOSITION PUBLIQUE

Le Dimanche 14 Mai 1911

DE 2 H. A 6 HEURES

TABLEAUX MODERNES

Aquarelles - Pastels - Dessins

COMMISSAIRE-PRISEUR

Mᵉ André COUTURIER

Successeur de Mᵉ Léon TUAL

56, Rue de la Victoire, 56

PEINTRE-EXPERT

M. F. MARBOUTIN

2   Rue de Marseille,   2

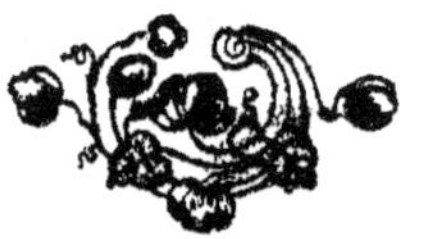

IMPRIMERIE :: ::
C. CHAUFOUR ::
6-8, RUE MILTON
PARIS :: :: :: ::

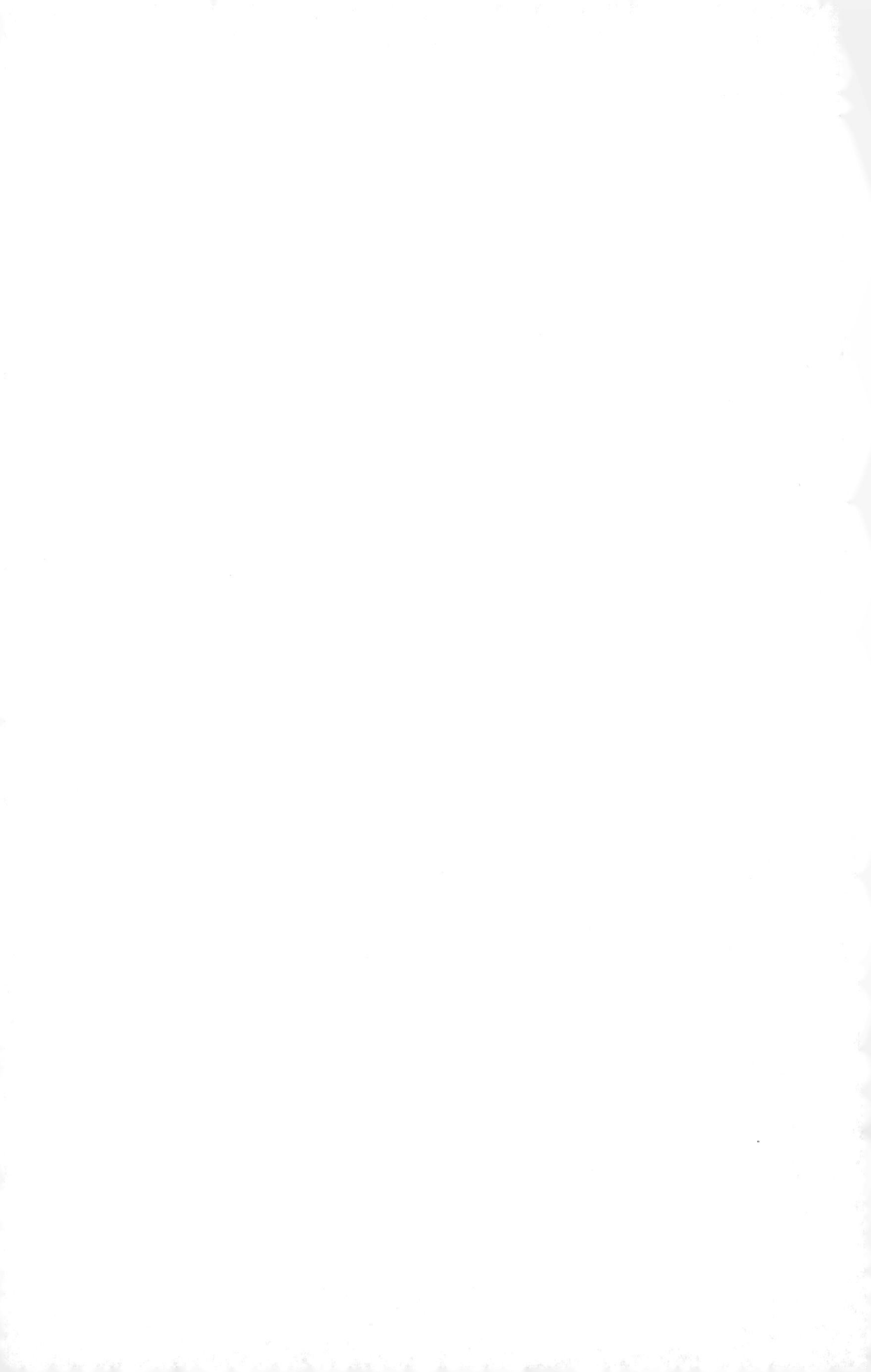

CATALOGUE

DE

TABLEAUX MODERNES

PAR

Alonzo-Pérez, Barucci (P.), Beauquesne, Berthélemy (E.)
Chaigneau (F.), Damoye, Daubigny (Karl), Dupray (H.)
Duvieux, Espagnat d'), Français, Iwill, Lemud (F. de)
Le Roy J.', Levigne (Th.), Luna (de), Marché (E.
Moreau (Ad.) Palizzi, Pécrus, Pezant (A.), Pils, Quinton (Cl.)
Richet (Léon), Stewart, Silbert (M.), Son (J.)
Sorkau, Trouillebert, Wilhems J.) Zigliara (Eug), etc.

AQUARELLES - PASTELS - DESSINS

PAR

Bonvin (F.), Chéret, Cicéri (Eug.), Condamy (de), Corot (C.)
Delacroix (Eug.), Garneray, Guillemet (A.)
Guys (C.) Le Bas (H.), Legrand (Louis), Papety, Marchetti
Monnier (Henri), Prins (Pierre), Puvis de Chavannes
Regnault (H.), Rops (F.), Rosa-Bonheur, Veyrassat

TABLEAUX ANCIENS

DONT LA VENTE AURA LIEU

HOTEL DROUOT — SALLE N° 10

Le Lundi 15 Mai 1911

A DEUX HEURES

Me André COUTURIER	M. F. MARBOUTIN
COMMISSAIRE-PRISEUR	PEINTRE EXPERT
56, Rue de la Victoire, 56	2, Rue de Marseille 2

EXPOSITION PUBLIQUE, SALLE N° 10

Le Dimanche 14 Mai 1911, de deux heures à six heures

CONDITIONS DE LA VENTE

La Vente aura lieu au comptant.

Les acquéreurs paieront *dix pour cent* en sus des enchères.

L'exposition mettant le public à même de se rendre compte de l'état et de la nature des tableaux, il ne sera admis aucune réclamation une fois l'adjudication prononcée.

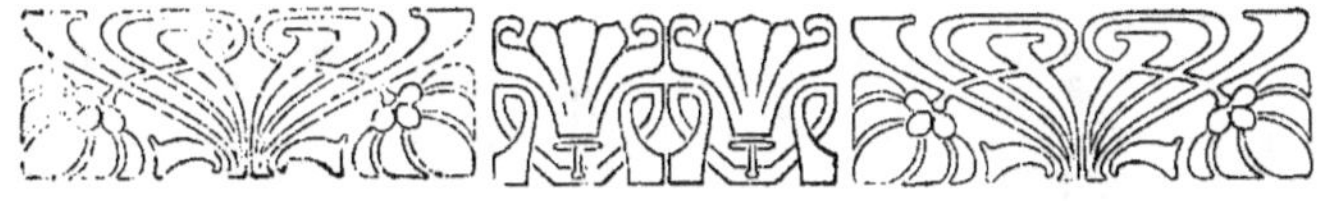

DÉSIGNATION

TABLEAUX MODERNES

ALONZO-PÉREZ

1 — La Bouquetière.

ANGLADE (Gaston)

2 — Bords de la Creuse. Bruyère en fleurs.

ATTENDU (F.)

3 — Poires et raisins.
4 — Melon et prunes.

BARUCCI (Pietro)

5 — La vieille porte de Tivoli.

BEAUQUESNE

6 — Combat du pont de Woorth 1870.
7 — Défense héroïque. Mobiles 1870.

BELLANGÉ (E.)

8 — Intérieur d'atelier.

BERTHÉLEMY (E.)

9 — Au Cabestan.

BETZ (E.)

10 — Bords de rivière.

BORGELLA

11 — Nymphe endormie.

BOURGES (L.)

12 — La bonne bête.

CALS

13 — Les meules.

CALVÈS (Marie)

14 — Chiens de chasse.

CHAIGNEAU (F.)

14 *bis* — Moutons à la bergerie.

COROT (C.)

15 — Rochers à Fontainebleau. Etude.
Cachet vente.

COROT (Ecole de)

15 *bis* — Lisière de forêt.

CORTÈS

16 — Vaches au pâturage.

DAMOYE (E.)

17 — Le Vallon.

DAUBIGNY (Karl)

18 — La Roulotte.

DESBROSSES (Jean)

19 — Coin de jardin au printemps.

DUPRAY (H.)

20 — Avant la revue à Longchamp.

DUVIEUX

21 — Constantinople.

ECOLE 1830

22 — Environ de Fontainebleau. Soleil couchant.

23 — Paysage de Provence.

24 — Marine.

25 — Le Chasseur.

26 — L'Orage.

27 — Port en Italie.

ESPAGNAT (D')

28 — Environs de Nice.

FAURE (Eug.)

29 — Les premiers pas de l'Amour.

FRANÇAIS

30 — Bords de rivière.

FROMENTIN (attr. à)

31 — Cavalier Kabyle.

GALIEN-LALOUE

32 — Port à marée-basse.

GOUPIL (Léon)

33 — Femme au perroquet.

34 — Vénitienne.

INCONNUS

35 — Barques de pèche à Venise.

36 -- Intérieur oriental.

37 — Avant le bal.

38 — Sous-bois.

39 — Les quais à Bordeaux.

40 — La parade.

ISAILOFF (A.)

41 — Notre-Dame, effet du soir.

IWILL

42 — Coin de jardin à Portrieux.

KUYTENBROUWER (M.)

43 — Cerf et biches.

LAFONT (Fr.)

44 — Scène antique.

LAZERGES (P.

45 — Une rue à Alger.

LEMUD (F. de)

46 — Personnage Louis XV.

LÉPINE (S.).

47 — La Seine près Argenteuil. Etude.

LE ROY (J.)

48 — Petit chat.

49 — La lettre.

LEVIGNE (Th.)

50 — Intérieur d'étable.

LUNA (V. de)

51 — Charge de cuirassiers de la Garde, campagne
d'Italie 1859.

MARCHÉ (Ernest)

52 — Environs d'Azay-le-Rideau.

MICHELIN

53 — Dans les bruyères.

MOREAU (Adrien)

54 — Conversation galante.

MIRO (G.)

55 — Les Boulevards.

PALIZZI

56 — Bergère gardant ses moutons.

PAWIL (E.)

57 — La leçon de chant.

PÉCRUS (C.)

58 — Paquebot à St Nazaire.

PEZANT (A.)

59 — Retour du troupeau.

POLACK (F.)

60 — Une rue à Sousse.

PRÉVAL (L.)

61 — A l'auberge.

PILS (J.)

62 — Italienne.

QUINTON (Cl.)

63 — Moutons dans la Brie.

64 — Moutons au pâturage.

RICHET (Léon)

65 — La Clairière, forêt de Fontainebleau.

66 — La mare. Soleil couchant.

ROQUEPLAN (attrib. à)

67 — L'embarquement.

SCHUTZ (Ad.)

68 — La mare. Forêt de Fontainebleau.

SILBERT (M.).

69 — Cabaret en Hollande.

SON (Johannès)

70 — Bords du Suran (Ain).

SORKAU

71 — Le Taillandier.

STEIN (G.).

72 — Le Marché aux fleurs.

73 — L'Opéra.

STEWART

73 bis — Femme couchée.

TASSAERT (O.).

74 — L'Apôtre.

TROUILLEBERT

75 — La Danseuse.

VOGLER

76 — Paysage.

VOS (De)

77 — L'Attelage du saltimbanque.

WILHEMS (J.).

78 — Devant le Palais ducal. Venise xviie siècle.

79 — Barques de pêche sur le Grand Canal. Venise.

WYSSANT

80 — Falaises et barques de pêche.

ZIGLIARA (Eug.)

81 — Marguerite.

TABLEAUX ANCIENS

BOURGUIGNON (Jacques Courtois, dit le)

82 — Combat de cavalerie.

ÉCOLE FLAMANDE

83 — Scène d'intérieur.
Dessin. Encre de Chine.

ÉCOLE FRANÇAISE

84 — L'Assomption de la Vierge.

85 — Jeune femme en Diane.

ÉCOLE FRANÇAISE XVIIIe SIÈCLE (D'après l')

86 — Portrait de femme.
Pastel.

86 *bis* — Jeune femme.
Pastel.

GUARDI (Genre de)

87 — Vue de Venise.

ÉCOLE ITALIENNE

88 — Évangélistes et Saintes Femmes.
Cuivre.

89 — Le Christ marchant au Calvaire.
Cuivre.

AQUARELLES, PASTELS, DESSINS

BERNARD (A.).

90 — Route. Forêt de Fontainebleau.
Aquarelle.

BERTHÉLEMY (E.).

91 — Barques de pêche.
Aquarelle.

BLANDIN (Ch.)

92 — La Lecture.
Pastel.

93 — Jeune femme.
Pastel.

94 — Parisienne.
Pastel.

95 — Méditation.
Pastel.

BONVIN (F.).

96 — Maréchal-ferrant.
Mine de plomb.

CHÉRET (J.).

97 — Le Printemps.
Dessin rehaussé.

CICÉRI (Eug.)

98 — Marine.
Aquarelle.

CONDAMY (De)

99 — Piqueur et meute.
Aquarelle.

100 — Cavalier en habit rouge.
    Aquarelle.

101 — Chasse au sanglier.
    Aquarelle.

COROT (C.).

102 — Deux paysages.
    Croquis plume. (Collection ROBAUT).

DELACROIX (EUG.)

103 — Marocain.
    Crayon et sanguine. (Cachet vente).

DEVERIA (Attribué à)

104 — Tête de jeune fille.
    Pastels.

FORTUNEY

105-106 — Marines.
    Pastels.

107-108 — Scènes de la vie parisienne.
    Pastels.

FRANÇAIS

109 — Paysage.
    Dessin rehaussé.

GARNERAY

110-111 — Marines.
    Aquarelles.

GRANDSIRE (E.)

112 — Route en forêt.
    Pastel.

GROLIG (C.)

113 — Paysage d'Algérie.
    Aquarelle.

GUILLEMET (A.)

114 — Paysage.
Crayon et fusain.

GUYS (Constantin)

115 — Général à cheval.
Encre de Chine.

116 — Promenade au bois.
Encre de Chine.

117 — Cavaliers.
Dessin plume.

HELLEU

118 — Parisienne.
Pointe sèche.

HÉROULT

119 — Paysage.
Gouache.

LALANNE (Maxime)

120 — Marine.
Fusain.

LEBAS (H.)

121 — Rochers à marée basse.
Aquarelle.

LEGRAND (Louis)

122 — A propos du monopole du gaz.
Dessin à la plume.

LENFANT DE METZ

123 — Après la chute.
Dessin rehaussé.

LEPRINCE

124 — Animaux et berger.
Aquarelle.

LUNA (De)

125 — Dragons de la Garde (Second Empire).
Aquarelle.

MADOU (Attribué à)

126 — Femme assise.
Mine de plomb.

MARCHETTI

127 — Le Concert.
Dessin à la plume.

MAUREL

128 — La Jeune mère.
Pastel.

MONNIER (Henri)

129 — H. Monnier, rôle de la veuve Moscou dans la fille des Chiffonniers.

PAPETY

130 — Femme de Procida.
Aquarelle.

PRINS (Pierre)

131 — Saint-Evroult. Pommiers en fleurs.
Pastel.

132 — Soir de printemps à Saint-Evroult.
Pastel.

133 — Meules, le soir.
Dessin rehaussé. Sanguine.

134 — Grande meule au soleil.
Pastel.

135 — Les Chênes. Mare aux pigeons.
Dessin rehaussé.

136 — Matin gris à Sannois.
Dessin rehaussé.

137 — Pont de Saint-Evroult, temps gris.
Pastel.

PUVIS DE CHAVANNES

138 — Etude de femme.
    Dessin rehaussé.

139 — Etudes de mains.
    Sanguine.

RAFFAELLI

140 — Fête foraine.
    Dessin à la plume.

REGNAULT (Henri)

141 — Personnage oriental.
    Aquarelle.

142 — Lions.
    Mine de plomb.

ROPS (F.)

143 — Etude de femme.
    Dessin.

ROSA-BONHEUR

144 — Le Pansage.
    Mine de plomb.
    (Cachet vente).

145 — Cavaliers.
    Mine de plomb.
    (Cachet vente).

SON (Johannès)

146 — La maison de Ziem à Martigues.
    Pastel.

STEIN (Georges)

147 — Les Grands Boulevards.
    Aquarelle.

148 — La Place du Carousel.
    Aquarelle.

VEYRASSAT (J.)

149 — Chevaux dans la prairie.
Mine de plomb.
(Cachet vente).

15o — Le Marché aux chevaux.
Mine de plomb.
(Cachet vente).

151 — Sous ce numéro, Tableaux non catalogués.
Sera divisé.

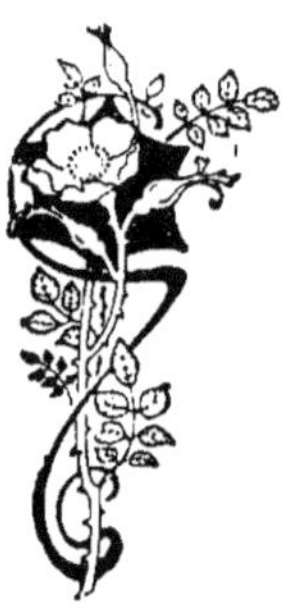